El genio de las palabras
365 nuevas palabras para ampliar tu mundo

Dr. Meredith L. Rowe

Monika Forsberg

EDELVIVES

Palabras, palabras, palabras

El vocabulario es un ingrediente esencial para aprender
a leer y para tener éxito en el colegio.

¡Y que un niño sepa más palabras implica
que conocerá mejor el mundo!

Sin embargo, resulta difícil aprender nuevas palabras
si quienes rodean a los niños no las usan.

Este libro me entusiasma por el cuidado que se ha puesto
en seleccionar las palabras adecuadas. Se trata de palabras
poco habituales que los niños y niñas no suelen escuchar
en las conversaciones cotidianas. No obstante, se toparán
con ellas en el colegio y en los libros, de modo que necesitarán
conocer su significado.

Estas palabras precisas, combinadas con sus definiciones y
con el fabuloso trabajo de ilustración, ofrecen entretenimiento
y una forma atractiva de ampliar el vocabulario de los niños.

Meredith L. Rowe
Profesora en la Escuela educativa de postgrado Saul Zaentz de Aprendizaje
y Desarrollo Tempranos de la Universidad de Harvard

Altitud

Nervioso

Temperatura

Semana 1 | ¿Qué significan estas palabras?

Temperatura
Medida para indicar lo caliente o frío que está algo.

Nervioso
Sentirse preocupado y asustado por lo que podría pasar.

Altitud
La altura de un objeto con relación al suelo.

Pendiente
La inclinación de una cuesta.

Veloz
Rápido y ágil de movimientos.

Cima
El punto más alto de una colina o una montaña.

Intentar
Realizar un esfuerzo para conseguir o completar algo.

Molestia

Abochornado

Seguidor

| Semana 2 | ¿Qué significan estas palabras? | **Molestia** Interrupción de una situación de calma. | **Abochornado** Sentirse intimidado o avergonzado por algo. | **Seguidor** Persona que demuestra admiración por alguien. |

| **Aprobar** | **Confiado** | **Entusiasmo** | **Prolongar** |
| Tener una opinión positiva sobre alguien o algo. | Estar seguro de las propias capacidades y habilidades. | Sentimiento de disfrute y ganas de hacer algo. | Añadir un trozo a algo para hacerlo más grande o más largo. |

Autógrafo
Firma de alguien conocido, por lo general escrita para un fan.

Inquietud
Preocupación por si ocurre algo malo.

Aficionado
Persona que participa en una actividad por diversión, no por trabajo.

Famoso
Conocido o reconocido por mucha gente.

Semana 4 — ¿Qué significan estas palabras?

Expulsar
Echar a alguien de un sitio e impedirle volver.

Enemistad
Desacuerdo entre personas, que a menudo dura mucho tiempo.

Fatiga
Sensación de gran cansancio físico o mental.

Rivalidad
Situación en que diferentes personas o equipos compiten por lo mismo.

Táctica
Acción o plan que ayuda a que alguien logre lo que desea.

Competición
Evento de varios participantes que busca averiguar quién es mejor.

Sustituir
Poner a alguien en lugar de otro.

Semana 5 ¿Qué significan estas palabras?

Comunicar Compartir o intercambiar información o ideas.

Fortalecer Hacer o hacerse más fuerte.

Preparado Estar quieto pero listo para moverse en cualquier momento.

Empeño
Hacer algo muy en serio.

Presteza
La capacidad de correr o moverse con rapidez.

Reto
Algo nuevo y difícil que requiere esfuerzo y determinación.

Ejercicio
Actividad física que haces para ponerte fuerte y sano.

Despreciar

Aflígido

META

Exitoso

Instruir

| Semana 6 | ¿Qué significan estas palabras? | **Aflígido** Sentir tristeza y angustia. | **Despreciar** Mostrar que alguien no te gusta y que no lo respetas. | **Instruir** Enseñar, explicar una serie de ideas o reglas. |

Exitoso
Lograr los resultados pretendidos o esperados.

Declarar
Anunciar algo de una manera clara.

Frenesí
Situación confusa en la que se suceden acontecimientos a toda prisa.

Transferencia
El proceso de mover algo de un lugar a otro.

Semana 7 — ¿Qué significan estas palabras?

Indulgente
Menos duro y severo de lo esperable a la hora de castigar.

Abundancia
Cuando hay mucho de alguna cosa.

Apetito
Ganas de comer o beber.

Doméstico
Perteneciente o relativo al hogar, la casa o la familia.

Menospreciado
Cuando alguien te ignora y no te valora con el objeto de ofenderte.

Desapercibido
No ser visto ni llamar la atención.

Extraer
Retirar o sacar algo de un sitio.

Semana 8 — ¿Qué significan estas palabras?

Reprochar
Hablar severamente con alguien debido a su mal comportamiento.

Compañero
Una persona con la que pasas tiempo.

Solicitar
Llamar con urgencia a alguien para que haga algo.

Agarrar
Coger algo con firmeza.

Terco
Sin voluntad de cambiar de opinión ni de comportamiento.

Persuadir
Convencer a alguien con palabras claras y amables.

Incesante
Algo que continúa de manera constante, ininterrumpida.

Estimación

Ingrediente

Combinación

Semana 9 — ¿Qué significan estas palabras?

Ingrediente
Alimento que se añade a otros para preparar comida.

Combinación
El proceso de mezclar distintas cosas.

Estimación
Una valoración o cálculo de lo que podría llegar a ser algo.

Digestión
Cuando el estómago convierte la comida en algo útil para el cuerpo.

Revelar
Mostrar algo que, hasta entonces, permanecía oculto.

Asombrado
Sentirse sorprendido o impresionado.

Escasez
Muy poca cantidad de algo.

PIEZAS DEL MUSEO SECRETO

Prohibido

Pasivo

Fortuito

Semana 10

¿Qué significan estas palabras?

Prohibido
Algo que no está permitido.

Fortuito
Algo bueno que sucede por casualidad.

Pasivo
Se dice de alguien que deja que las cosas sucedan sin intervenir en ellas.

Extinción
Cuando algo deja de existir.

Consciente
Estar al tanto de lo que pasa alrededor.

Conservar
Proteger algo de posibles daños.

Moral
Conjunto de principios que determinan lo que está bien y lo que está mal.

Dispersar

Peculiar

Semana 11

¿Qué significan estas palabras?

Peculiar
Tener un comportamiento y unos hábitos poco frecuentes.

Dispersar
Propagar algo por una zona amplia.

Graznido
Sonido ruidoso y seco que hacen algunas aves.

Exhaustivo	**Raro**	**Vocear**	**Reprender**
Algo hecho con el máximo cuidado para que no se olvide nada.	Que no sucede a menudo.	Chillar o gritar para llamar la atención.	Expresar rechazo ante una acción que se considera mala.

Pronunciación

SOPA Y PEPIN[O]

Categoría
LÁCTEO[S]

Riña

| Semana 12 | ¿Qué significan estas palabras? | **Pronunciación** La manera en que se dice una palabra o una letra. | **Riña** Desacuerdo entre personas, que puede llegar a ser violento. | **Categoría** Grupo de cosas que pueden clasificarse como parecidas por alguna razón. |

Particularidad
Aquello que distingue a una cosa de otra.

Adquirir
Obtener o comprar algo.

Astuto
Ser bueno en conseguir lo que uno quiere, sobre todo con trucos.

Beneficio
Ganancia que se obtiene a partir de algo.

Semana 13

¿Qué significan estas palabras?

Pasión
Aquello que a uno le gusta mucho, como una afición o un pasatiempo.

Composición
Una pieza musical escrita por alguien.

Coreógrafo
Persona que inventa y decide los pasos que forman un baile.

Elenco
Grupo de músicos, actores o bailarines que trabajan en un espectáculo.

Conseguir
Lograr o completar algo.

Gratuito
Algo inesperado o que se hace sin ningún motivo.

Presión
Fuerza ejercida cuando alguien empuja algo.

| Semana 14 | ¿Qué significan estas palabras? | **Resistencia** Seguir haciendo algo difícil durante un buen rato. | **Florecer** Crecer bien o desarrollarse de un modo saludable. | **Característico** Algo que es fácil de reconocer porque es diferente. |

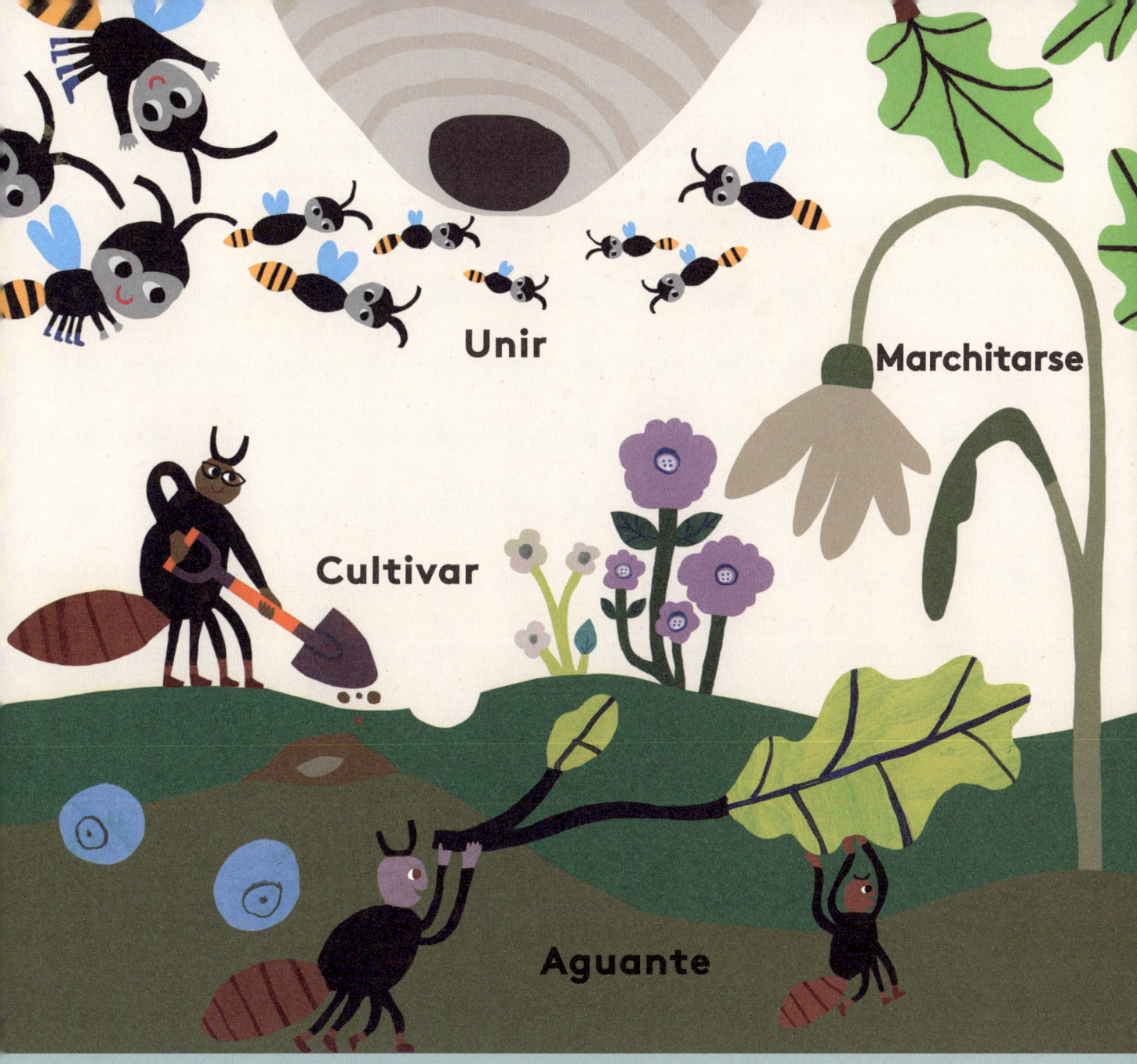

Cultivar
Preparar la tierra para que crezca la cosecha.

Unir
Juntar en un grupo.

Aguante
Energía física o mental necesaria para realizar una actividad agotadora.

Marchitarse
Cuando una planta se debilita y se seca.

Semana 15

¿Qué significan estas palabras?

Precario
Cuando algo no es seguro y parece que durará poco.

Acaudalado
Cuando se tiene mucho dinero o se poseen muchas cosas.

Murallas
Muros defensivos de un castillo o de una ciudad.

Morada
El lugar en que uno vive.

Confinar
Mantener a alguien en un espacio cerrado.

Sabotear
Realizar una acción mala o destructiva a propósito.

Sitiar
El acto de rodear un sitio para obligar a la gente a salir.

Semana 16 | ¿Qué significan estas palabras?

Obstinado
Cabezota, sin intención de modificar el comportamiento.

Chapotear
Juguetear en el agua, provocando que salpique.

Convencer
Hacer que alguien haga algo al darle razones para ello.

Emerger
Asomar sobre algo y ser visto.

Fingir
Simular un sentimiento o una actitud particulares.

Cautivador
Una persona encantadora y atractiva.

Subterráneo
Situado por debajo de la superficie de la tierra; en el subsuelo.

Distinguido

Avanzar

Caballeroso

| Semana 17 | ¿Qué significan estas palabras? | **Distinguido** Persona de apariencia noble y respetable. | **Caballeroso** Tener las cualidades de un caballero: noble, valiente y honorable. | **Avanzar** Moverse hacia delante, a veces para atacar a alguien. |

Impacto
Fuerza o acción de un objeto al golpear otro.

Frívolo
Quien se comporta de una manera estúpida y no se toma nada en serio.

Venerable
Alguien que merece respeto por ser viejo y sabio.

Agresivo
Portarse de manera violenta y furiosa con alguien.

Despertar

Conforme

Disconforme

Contribuir

Semana 18

¿Qué significan estas palabras?

Despertar
Levantar a alguien que duerme y hacer que se espabile.

Disconforme
Que alberga un sentimiento de infelicidad o insatisfacción.

Conforme
Que alberga un sentimiento de felicidad o satisfacción.

Contribuir
Ayudar a alcanzar un resultado.

Rebosante
Cuando algo está tan lleno que el contenido se desborda.

Armonía
Sonido musical placentero a base de notas cantadas al mismo tiempo.

Sereno
Tranquilo y en paz.

Semana 19 — ¿Qué significan estas palabras?

Obstáculo
Estorbo que hace que algo resulte más difícil.

Aeronave
Vehículo capaz de volar, como un avión.

Absurdo
Algo que es ridículo o que no tiene sentido.

Distancia

Esencial

Equipaje

Volea
Golpe que se le da a la pelota antes de que toque el suelo.

Distancia
Espacio que existe entre dos puntos o lugares.

Equipaje
Las maletas y mochilas que te llevas contigo de viaje.

Esencial
Algo que resulta necesario o imprescindible.

Semana 20

¿Qué significan estas palabras?

Pintoresco
Entorno natural de gran belleza.

Sabroso
Que tiene un sabor rico y agradable, a menudo jugoso.

Peligroso
Algo arriesgado, que puede crear problemas.

Habitar
Vivir en un lugar.

Pausado
Prudente y que actúa o se mueve con calma.

Presuntuoso
Demasiado orgulloso de sí mismo y de sus capacidades.

Empapar
Mojar algo vertiendo una gran cantidad de líquido.

41

Semana 21 | ¿Qué significan estas palabras?

Honrado
Que se comporta de un modo honesto.

Explícito
Claro y preciso.

Sucumbir
Rendirse; caer en la tentación.

Inferior
Algo de menor calidad o no tan bueno como un objeto parecido.

Espontáneo
Lo que se hace sin un plan previo.

Desproporcionado
Demasiado grande o demasiado pequeño en comparación con otra cosa.

Contonearse
Desplazarse con movimientos cortos, rápidos y serpenteantes.

Semana 22 | ¿Qué significan estas palabras?

Ofrecimiento
Algo que das o brindas a alguien

Irresistible
Algo que no se puede rechazar porque es demasiado bueno.

Declinar
Decir que no a una invitación u oferta.

Aromático
Un olor placentero y agradable.

Abundante
Más que suficiente de algo.

Ganga
Algo que se vende a un precio más bajo del normal y resulta muy buena compra.

Ostentoso
Despliegue llamativo que busca impresionar a quienes lo presencian.

Semana 23 — ¿Qué significan estas palabras?

Tropical
Propio de regiones cálidas y húmedas.

Sumergirse
Meterse o hundirse en el agua.

Exclamar
Pegar un grito o dar una voz de forma repentina.

Vano
Estar demasiado orgulloso de la apariencia o de los logros de uno.

Dubitativo
Cuando te sientes inseguro respecto a algo.

Animar
Darle a alguien la confianza para hacer algo.

Habilidoso
Con la capacidad de desempeñar bien una actividad precisa.

Semana 24

¿Qué significan estas palabras?

Pretencioso
Alguien que se cree importante y se expresa con mucha seriedad.

Residencia
Hogar en el que vive una persona.

Complicado
Que presenta dificultad; algo que no resulta sencillo.

Considerable
Muy grande, bien por tamaño o bien por cantidad.

Sequía
Largo período durante el cual no llueve.

Crucial
Muy importante, sobre todo por sus efectos en el futuro.

Compromiso
Una promesa seria y formal.

Semana 25 | ¿Qué significan estas palabras? | **Seña** Gesto para hacer saber a alguien qué hacer o a dónde ir. | **Confort** La sensación de estar relajado y cómodo. | **Recuperarse** Ponerse bien después de una enfermedad o una lesión.

Compasión
Simpatía que se siente hacia alguien que está sufriendo.

Débil
Con pocas fuerzas debido a una enfermedad o a la edad.

Grave
Estado negativo, y a veces peligroso, de una situación.

Aliviar
Hacer que el dolor o sufrimiento resulte soportable.

Semana 26 — ¿Qué significan estas palabras?

Gregario
Quien disfruta de la compañía de un grupo de gente.

Familiaridad
Tener confianza y cercanía con otra persona.

Histeria
Estado de excitación, ira o pánico descontrolados.

Comprometido

Eufórico   Afectuoso

Asistencia
Ayuda que se presta a alguien, a veces en un trabajo.

Comprometido
Estar en una relación emocional a largo plazo con alguien.

Eufórico
Cuando te sientes feliz y muy emocionado.

Afectuoso
Cuando se muestra lo mucho que a uno le gusta otra persona.

Semana 27 | ¿Qué significan estas palabras? | **Delicioso** Que sabe de maravilla. | **Negarse** Rechazar hacer lo que otro desea. | **Obligar** Forzar a alguien a hacer algo.

Permisivo
Permitir que alguien tome o haga lo que quiere.

Dichoso
Quien tiene una sensación de plena felicidad.

Insensato
Hacer algo peligroso sin reparar en el daño que pueda causar.

Saciar
Beber o comer para dejar de tener sed o hambre.

¿Qué significan estas palabras?

Malhumorado
Que se molesta o enfada con facilidad por cosas pequeñas.

Marea
Movimiento continuo de las aguas del mar, causado por el sol y la luna.

Turbulento
Se dice del aire o del agua que se agita súbita y bruscamente.

Galope
Carrera a gran velocidad que hace un caballo.

Alerta
Listo para actuar ante una situación.

Cauteloso
Mostrarse prudente por inseguridad o por miedo.

Sofocante
Cuando hace mucho calor, tanto que es incómodo.

Semana 29

¿Qué significan estas palabras?

Fornido
Persona fuerte y musculosa.

Rescatar
Salvar a alguien de una situación difícil o peligrosa.

Accidente
Suceso que pasa por casualidad y que puede causar daños.

Circunspecto
Prudente, que actúa con seriedad.

Angustiado
Descontento y afligido por algo.

Trino
El canto agradable de un pájaro.

Ansioso
Preocupado.

Ondulado
Pelo que ni es liso ni es rizado, sino con ondas.

Perplejo
Sentirse confuso o inseguro respecto a qué hacer.

Esculpir
Crear o dar forma a un objeto para representar algo.

Cementerio
Lugar en donde se entierra a los muertos.

Semana 31 — ¿Qué significan estas palabras?

Conquistar
Alcanzar algo.

Ardoroso
Que arde vivamente y con intensidad.

Brío
Resolución y valor para realizar una actividad.

Cautela
Cuidado que se tiene para sortear un peligro o evitar un error.

Arduo
Que resulta difícil y precisa de gran energía y esfuerzo.

Acompañar
Ir a algún sitio con alguien.

Atento
Quien observa algo de cerca con gran atención.

| Semana 32 | ¿Qué significan estas palabras? | **Asiduidad** Cuando algo sucede a menudo. | **Vacante** Algo que no está ocupado. | **Ocio** El tiempo libre de alguien cuando no trabaja ni está atareado. |

Vitalista
Lleno de energía y entusiasmo.

Ocultar
Impedir que algo se pueda ver u oír.

Descarado
Mostrarse irrespetuoso y grosero con otra persona.

Plenamente
Completamente.

| Semana 33 | ¿Qué significan estas palabras? | **Coaccionar** Obligar a alguien a hacer algo que no quiere hacer. | **Ruinoso** Lugar descuidado que se encuentra en pésimas condiciones. | **Ocaso** El final del día, cuando se pone el sol y se aproxima la noche. |

Asustadizo
Nervioso, preocupado y que se asusta con facilidad.

Lúgubre
Oscuro hasta el punto de que apenas se ve.

Chillido
Un sonido o un grito prolongado y agudo.

Espectro
Fantasma o ser sobrenatural.

| Semana 34 | ¿Qué significan estas palabras? | **Trastada** Broma o pillería que se le gasta a alguien. | **Exagerar** Exponer algo como si fuera más grande, mucho mejor o peor de lo que es. | **Mágico** Hecho con, o por medio de, magia. |

Embaucar
Engañar por medio de apariencias o falsedades.

Crédulo
Ingenuo, dado a creer todo lo que otras personas hacen o dicen.

Esfumado
Desaparecido de pronto y sin explicación.

Indumentaria
Ropa con la que se abriga o adorna el cuerpo.

| Semana 35 | ¿Qué significan estas palabras? | **Genialidad** Una obra o idea de carácter especial y pocas veces vista. | **Abstracto** Arte que no representa imágenes realistas del mundo cotidiano. | **Musa** Persona o idea en la que se inspira un artista y que le permite crear. |

Análisis

Apreciar

Antiguo

Innovar	**Apreciar**	**Antiguo**	**Análisis**
Usar técnicas o ideas nuevas y diferentes.	Comprender y valorar algo.	Se dice de un objeto creado hace mucho tiempo.	Estudio detallado de algo para tratar de entenderlo.

Semana 36

¿Qué significan estas palabras?

Concienzudo
Cuando uno trabaja con gran atención y esmero.

Concentrar
Dirigir la atención o el esfuerzo a un objeto determinado.

Extravagante
Ser muy vistoso y llamar la atención voluntariamente.

Malinterpretar
Comprender algo de manera errónea.

Brusco
De comportamiento impulsivo, torpe y rudo.

Acusar
Afirmar que alguien ha hecho algo mal.

Desconcertado
Estar confuso e inseguro frente a un hecho que no se esperaba.

Semana 37

¿Qué significan estas palabras?

Imitar
Copiar algo o a alguien porque lo admiras mucho.

Sacrificar
Renunciar a algo importante para ayudar a otro.

Destartalado
En ruinas por el paso del tiempo o porque no ha sido cuidado.

Ráfaga
Leve golpe de viento arremolinado.

Impresionante
Algo que deja una sensación de asombro o de admiración.

Empujón
Impulso fuerte y repentino.

Apego
Cariño que sientes por alguien o por algo que te gusta.

| Semana 38 | ¿Qué significan estas palabras? | **Audible** Sonido lo bastante alto como para escucharlo. | **Utensilios** Objetos que se usan para cocinar. | **Conversación** Intercambio de ideas y opiniones sobre un tema. |

Famélico
Alguien que tiene muchísima hambre.

Refresco
Bebida dulce y con burbujas.

Voraz
Que come una gran cantidad de comida a toda prisa y sin descanso.

Disponible
Listo para ser usado.

Semana 39

¿Qué significan estas palabras?

Acelerar
La acción de moverse cada vez más rápido.

Cooperar
Ser útil a la hora de hacer lo que alguien te pide que hagas.

Prevenir
Evitar que algo pase, o que alguien haga algo.

Escombros
Restos que quedan después de destruir algo.

Incordio
Persona o cosa que causa molestias.

Barato
Algo que no cuesta mucho dinero.

Valla
Gran cartel en el que se pegan anuncios publicitarios.

Semana 40 — ¿Qué significan estas palabras?

Calendario
Gráfico en el que se muestran los días, semanas y meses del año.

Informado
Cuando se tiene o se demuestra gran conocimiento de un tema.

Adherir
Pegar con firmeza.

Definitivo

PROHIBIDO COMER O BEBER EN EL LABORATORIO

Ambición

Debate

Evidente

Debate
Intercambio de diferentes puntos de vista sobre un tema.

Definitivo
Contundente y claro, sin posibilidades de cambio.

Evidente
Algo de lo que uno se da cuenta con facilidad.

Ambición
Un fuerte deseo de hacer o conseguir algo.

| Semana 4.1 | ¿Qué significan estas palabras? | **Comunidad** Toda la gente que vive en un área o un sitio en particular. | **Constelación** Conjunto de estrellas en el cielo nocturno. | **Pionero** Quien emplea ideas y métodos nunca antes usados. |

Gigantesco
Algo muy grande, de dimensiones enormes.

Vasto
Un espacio muy extenso.

Fugaz
Que se mueve a toda velocidad y apenas dura unos instantes.

Curioso
Cuando alguien está deseoso de saber o aprender algo.

Semana 42

¿Qué significan estas palabras?

Destrucción
Provocar tanto daño a algo que no puede ser reparado.

Rebosar
Cuando un líquido se derrama y escapa de aquello que lo contiene.

Exasperado
Frustrado o enfadado por una situación.

Caos	**Insolente**	**Travieso**	**Componer**
Estado de completo desorden y confusión.	Maleducado y sin ningún respeto.	Cuando uno se porta mal, pero sin intención de hacer verdadero daño.	Mover y organizar cosas en una posición y orden particulares.

Cabina

Transportar

Sinuoso

Aterrador

Bribón

Semana 43

¿Qué significan estas palabras?

Bribón
Alguien que se comporta muy mal, como un ladrón.

Cabina
Pequeño espacio cerrado para pasajeros.

Aterrador
Que provoca pánico o terror.

Transportar
Llevar personas en un vehículo de un lugar a otro.

Sinuoso
Que no discurre en línea recta, sino que está lleno de curvas y giros.

Reñir
Dirigirse molesto a alguien, expresándole un desacuerdo total.

Excitante
Una sensación intensa de felicidad y alborozo.

Fluctuar

NOTICIAS DE LA BOLSA

Artículo

SALA DE CONFERENCIAS

Semana 44

¿Qué significan estas palabras?

Fluctuar
Cambiar mucho y de manera irregular.

Artículo
Texto que se publica en un periódico o en una revista.

Candidato
Alguien que opta a un cargo, como a un trabajo o a unas elecciones.

Candidato

Apretón

Firma

Comité

Emplear

Emplear	**Apretón**	**Firma**	**Comité**
Dar trabajo a alguien y pagarle por ello.	Saludo que consiste en estrecharse las manos.	Nombre que escribe una persona y que le sirve para identificarse.	Grupo de personas que representan a una organización o una causa.

Semana 45

¿Qué significan estas palabras?

Aislar
Mantener algo apartado del resto.

Negligente
Poco cuidadoso; que no atiende con esmero a sus responsabilidades.

Impenetrable
Que no permite la entrada o que resulta imposible de atravesar.

Sociable
Una persona que disfruta del tiempo compartido con sus amigos y su familia.

Concluir
Decidir algo después de pensárselo con detenimiento.

Insuperable
Mejor que cualquier cosa en su género.

Modestia
Humildad; cualidad de quien resta importancia a sus logros.

Semana 46 — ¿Qué significan estas palabras?

Esconder
Guardar algo para que nadie lo vea ni lo descubra.

Convicto
Persona a la que han declarado culpable de un delito.

Equilibrio
La habilidad para no caerse cuando se está de pie.

Móvil
Motivo o razón para hacer algo.

Saqueo
Cuando se roba algo de valor de un sitio.

Cómplice
Quien ayuda a alguien a hacer algo que está mal.

Consumir
Comer o beber, sobre todo cuando es mucho.

Semana 47 | ¿Qué significan estas palabras? | **Adorable** Que inspira amor y afecto. | **Trivial** De poco valor o importancia. | **Próspero** Rico y con muchos bienes materiales.

Fondo
Cantidad de dinero que suele guardarse con una finalidad.

Invertir
Emplear el dinero de manera que se persiga aumentar su valor.

Turno
Orden en el que corresponde acceder a un sitio.

Asegurar
Fijar algo con firmeza, de manera que no pueda moverse, caer o romperse.

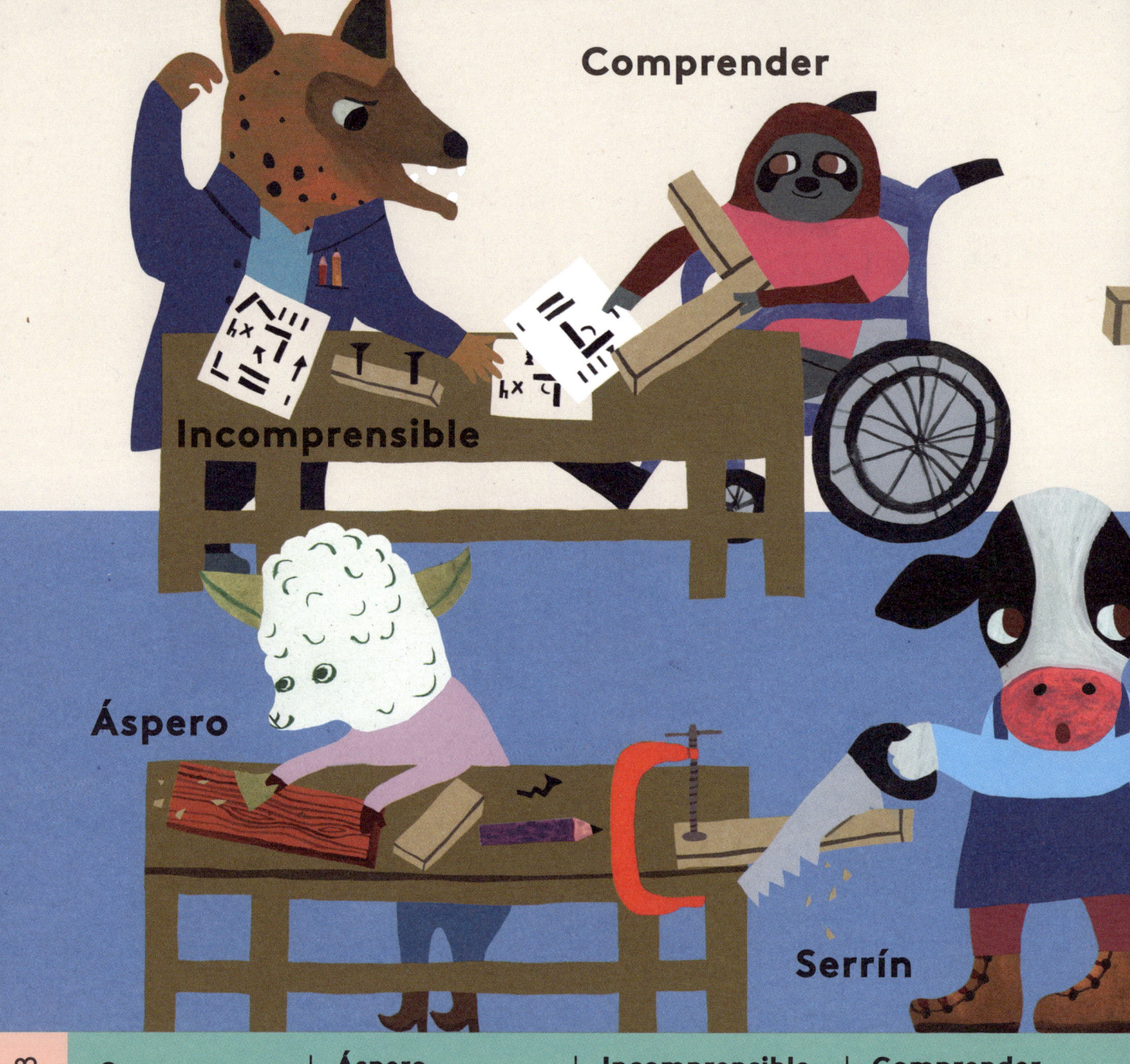

Semana 48			
¿Qué significan estas palabras?	**Áspero** De textura rugosa o dura.	**Incomprensible** Algo que no se puede entender.	**Comprender** Entender el significado o el propósito de algo.

Serrín
Polvo y astillas que se crean cuando se sierra la madera.

Robusto
Fuerte y construido con firmeza.

Banco
Mesa de trabajo que utilizan los carpinteros.

Insustancial
Algo a lo que le falta fuerza y solidez.

| Semana 49 | ¿Qué significan estas palabras? | **Partida** La marcha que, muchas veces, da inicio a un viaje. | **Torrencial** Que cae de golpe y en gran cantidad. | **Tiritar** Temblar por causa del miedo o de frío. |

Náusea
Sensación de estar enfermo y a punto de vomitar.

Aturullado
Cuando uno se siente mal y confuso.

Tormento
Algo o alguien que causa un sufrimiento.

Vívido
De colores muy vivos.

Entretener

Inspirar

Celebrar

Gozoso

Semana 50

¿Qué significan estas palabras?

Celebrar
Hacer algo divertido en una ocasión especial.

Entretener
Atraer el interés de un grupo de gente y conseguir que disfrute.

Inspirar
Hacer que alguien sienta deseos de hacer algo y que crea que lo conseguirá.

Gozoso
Con un sentimiento de enorme felicidad y alegría.

Equipamiento
Conjunto de útiles necesarios para un propósito concreto.

Fastuoso
Algo grande y caro que causa asombro.

Simultáneamente
Que sucede o que se hace exactamente al mismo tiempo.

Hornear
Cocinar algo en el horno para luego llevarlo a la mesa y comérselo.

Menudo
Pequeño o bajito.

Medir
Determinar el tamaño o la cantidad exactos de algo.

Porción
Trozo; cantidad que procede de otra mayor.

Simétrico

Desdichado

Prenda

Exultante

Semana 52 — ¿Qué significan estas palabras?

Prenda
Cada pieza de ropa que uno se pone.

Desdichado
Persona que se siente infeliz.

Simétrico
Que tiene partes iguales en un lado y en otro.

Exultante
Sentirse muy feliz y entusiasmado.

Tradición
Transmisión de costumbres de una generación a la siguiente.

Chamuscado
Cuando un objeto se pone negro tras haberse quemado.

Paquete
Caja y su contenido.

Llama
Fuego encendido.

Índice

Abochornado	4	Apego	75	Caos	85
Abrazar	6	Apetito	14	Característico	28
Abstracto	70	Apreciar	71	Categoría	24
Absurdo	38	Apretón	89	Cautela	63
Abundancia	14	Aprobar	5	Cauteloso	57
Abundante	44	Ardoroso	62	Cautivador	33
Acaudalado	30	Arduo	63	Celebrar	100
Accidente	58	Armonía	37	Cementerio	61
Acelerar	78	Aromático	44	Chamuscado	105
Acompañar	63	Artículo	88	Chapotear	32
Acusar	73	Asegurar	95	Chillido	67
Adherir	80	Asiduidad	64	Cima	3
Admisión	6	Asistencia	52	Circunspecto	58
Adorable	94	Asombrado	19	Coaccionar	66
Adquirir	25	Áspero	96	Combinación	18
Aeronave	38	Astuto	25	Comité	89
Afectuoso	53	Asustadizo	66	Compañero	16
Aficionado	7	Atento	63	Compasión	51
Afligido	12	Aterrador	86	Competición	9
Agarrar	16	Aturullado	99	Complicado	48
Agresivo	35	Audible	76	Cómplice	93
Aguante	29	Autógrafo	7	Componer	85
Aislar	90	Avanzar	34	Composición	26
Alerta	56	Banco	97	Comprender	96
Aliviar	51	Barato	79	Comprometido	53
Altitud	2	Beneficio	25	Compromiso	49
Amasar	102	Bribón	86	Comunicar	10
Ambición	81	Brío	62	Comunidad	82
Análisis	71	Brusco	73	Concentrar	72
Angustiado	59	Caballeroso	34	Concienzudo	72
Animar	47	Cabina	86	Concluir	91
Ansioso	59	Calendario	80	Confiado	5
Antiguo	71	Candidato	89	Confinar	31

Conforme	36	Despreciar	12		
Confort	50	Desproporcionado	43		
Conquistar	62	Destartalado	74		
Consciente	21	Destrucción	84		
Conseguir	27	Dichoso	55		
Conservar	21	Digestión	19		
Considerable	48	Disconforme	36		
Constelación	82	Dispersar	22	Esfumado	69
Consumir	93	Disponible	77	Espectro	67
Contonearse	43	Distancia	39	Espontáneo	43
Contribuir	36	Distinguido	34	Estimación	18
Convencer	32	Doméstico	15	Eufórico	53
Conversación	76	Dubitativo	47	Evidente	81
Convicto	92	Duda	6	Exagerar	68
Cooperar	78	Ejercicio	11	Exasperado	85
Coreógrafo	26	Elenco	26	Excitante	87
Crédulo	69	Embaucar	69	Exclamar	46
Crucial	49	Emerger	33	Exhaustivo	23
Cultivar	29	Empapar	41	Exitoso	12
Curioso	83	Empeño	10	Explícito	42
Debate	81	Emplear	89	Expulsar	8
Débil	51	Empujón	75	Extinción	21
Declarar	13	Enemistad	8	Extraer	15
Declinar	44	Entretener	100	Extravagante	72
Definitivo	81	Entusiasmo	5	Exultante	104
Delicioso	54	Equilibrio	92	Famélico	77
Demoler	60	Equipaje	39	Familiaridad	52
Deprimente	60	Equipamiento	101	Famoso	7
Desapercibido	15	Escasez	19	Fastuoso	101
Descarado	65	Escombros	78	Fatiga	8
Desconcertado	73	Esconder	92	Fingir	33
Desdichado	104	Esculpir	61	Firma	89
Despertar	36	Esencial	39	Florecer	28

Fluctuar	88	Impresionante	75	Malinterpretar	73
Fondo	95	Incesante	17	Marchitarse	29
Fornido	58	Incomprensible	96	Marea	56
Fortalecer	10	Incordio	78	Medir	103
Fortuito	20	Indulgente	14	Menospreciado	15
Frenesí	13	Indumentaria	69	Menudo	103
Frívolo	35	Inferior	43	Modestia	91
Fugaz	83	Informado	80	Molestia	4
Galope	56	Ingrediente	18	Morada	30
Ganga	45	Iniciativa	102	Moral	21
Genialidad	70	Innovar	70	Móvil	93
Gigantesco	82	Inquietud	7	Murallas	30
Gozoso	100	Insensato	55	Musa	70
Gratuito	27	Insolente	85	Náusea	98
Grave	51	Inspirar	100	Negarse	54
Graznido	23	Instruir	12	Negligente	90
Gregario	52	Insuperable	91	Nervioso	2
Habilidoso	47	Insustancial	97	Obligar	54
Habitar	41	Intentar	3	Obstáculo	38
Histeria	52	Invertir	95	Obstinado	32
Honrado	42	Irresistible	44	Ocaso	66
Hornear	102	Llama	105	Ocio	64
Imitar	74	Lúgubre	67	Ocultar	65
Impacto	35	Mágico	68	Ofrecimiento	44
Impenetrable	90	Malhumorado	56	Ondulado	60

Ostentoso	45	Rebosante	37	Subterráneo	33
Paquete	105	Rebosar	84	Sucumbir	42
Particularidad	25	Recuperarse	50	Sumergirse	46
Partida	98	Refresco	77	Sustituir	9
Pasión	26	Reñir	87	Táctica	9
Pasivo	20	Reprender	23	Temperatura	2
Pausado	41	Reprochar	16	Terco	17
Peculiar	22	Rescatar	58	Tiritar	98
Peligroso	40	Residencia	48	Tormento	99
Pendiente	3	Resistencia	28	Torrencial	98
Permisivo	54	Reto	11	Tradición	105
Perplejo	61	Revelar	19	Transferencia	13
Persuadir	17	Riña	24	Transportar	86
Pintoresco	40	Rivalidad	9	Trastada	68
Pionero	82	Robusto	97	Travieso	85
Plenamente	65	Ruinoso	66	Trino	59
Porción	103	Sabotear	31	Trivial	94
Precario	30	Sabroso	40	Tropical	46
Prenda	104	Saciar	55	Turbulento	56
Preparado	10	Sacrificar	74	Turno	95
Presión	27	Saqueo	93	Unir	29
Presteza	11	Seguidor	4	Utensilios	76
Presuntuoso	41	Seña	50	Vacante	64
Pretencioso	48	Sequía	49	Valla	79
Prevenir	78	Sereno	37	Vano	46
Profusión	60	Serrín	96	Vasto	83
Prohibido	20	Simétrico	104	Veloz	3
Prolongar	5	Simultáneamente	101	Venerable	35
Pronunciación	24	Sinuoso	86	Vitalista	64
Próspero	94	Sitiar	31	Vívido	99
Quemarse	102	Sociable	91	Vocear	23
Ráfaga	74	Sofocante	57	Volea	38
Raro	23	Solicitar	16	Voraz	77

Traducción: Alejandro Tobar

Título original: *Little Wordsmith: An Interesting Word for Every Day of the Year*
Publicado por primera vez en el Reino Unido en 2021 por Magic Cat Publishing Ltd.

© Del prólogo: Meredith L. Rowe
© De las ilustraciones: Monika Forsberg
© De esta edición: Grupo Editorial Luis Vives, 2021

ISBN: 978-84-140-3084-4
Depósito legal: Z 1050-2020

Impreso en China

Todos los derechos reservados. Cualquier forma de reproducción, distribución, comunicación pública o transformación de esta obra solo puede ser realizada con la autorización de sus titulares, salvo excepción prevista por la ley. Diríjase a CEDRO (Centro Español de Derechos Reprográficos) si necesita fotocopiar o escanear algún fragmento de esta obra (www.conlicencia.com; 91 702 19 70 / 93 272 04 47).